FASHION ILLUSTRATIONS

Ladies, Men & Children ファッション イラストレーション

熊谷小次郎著

Fashion Illustration

by Kojiro Kumagai
Copyright©1984 by Graphic-sha Publishing Co., Ltd.
1-9-12Kudan-kita, Chiyoda-ku, Tokyo, Japan
ISBN4-7661-0294-0

PROLOGUE

　イラストレーター、ファッションイラストレーターを目指している人はもちろんのこと、ファッションデザイナーのプロとして活躍していこうと考えている（現在活躍している）人にとっても、ファッションイラストレーションを描くということは必要不可欠な条件です。また、ファッションイラストレーターやファッションデザイナーの人には、レディース、メンズ、子供と描くことが出きなくては一流といえません。

　その為にこの本は、レディース、メンズ、子供の基礎から応用まで、全部描くことができるように一冊にまとめました。

　この本を教科書として、まず基礎からしっかり勉強していけば、誰にでも（絵が苦手な人）上手にマスターすることができるはずです。レディース、メンズ、子供のプロポーションの違い、プロポーション部分練習、衿、袖、柄や素材の描き方など基礎練習をし、画材による描き方のテクニックやメークの仕方、ディフォルメ、省略画などといろいろな描き方の応用まで、ふんだんに厚みのある内容にしていますので、初心者の方から上級者の方までわかりやすく勉強できます。上手になるコツは、まず自分自身で根気よく毎日少しでも描きつづけることです。

　この本を手にとったら、さあ、すぐにでもこの本に従って勉強してみましょう。

　一流のファッションイラストレーター、ファッションデザイナーへのそれが第一歩です。

スーツの描き方

上下が同じ布地、柄、色であらたまった感じなのであまり動きのあるポーズや、ラフな感じの描き方にしません。デザインに合った、ポーズや描き方で描いて見ましょう。

サインペン＋マーカー

サインペン＋カラートーン

サインペン＋鉛筆コンテ＋サッピツ

鉛筆コンテ＋サッピツ

鉛筆コンテ＋カラーインキ

鉛筆コンテ

サインペン＋カラーインキ＋スクリーントーン

サインペン＋スクリーントーン

サインペン＋カラーインキ＋スクリーントーン

7

ジャケットの場合スーツと違いカジュアルですので、描き方も動きのあるポーズやラフな着こなし方で、ムードを出した感じに描きます。

鉛筆コンテ＋サッピツ＋カラーインキ

サインペン＋鉛筆コンテ＋
サッピツ＋スクリーントーン

サインペン＋マーカー

8

サインペン＋鉛筆コンテ＋サッピツ

サインペン＋スクリーントーン

サインペン＋スクリーントーン

9

ブラウスとスカートとは、日常生活で一番みぢかに身につけるコスチュームの一つです。

デザインの種類もいろいろですが、ファッションイラストを描く場合重要なことのひとつに、それぞれコスチュームのもつムード、形、柄、素材、質感などよく研究し、そのムードに合った画材で描いて見ましょう。特にシルエット、ボリューム、丈の長さなどに注意するようにしましょう。

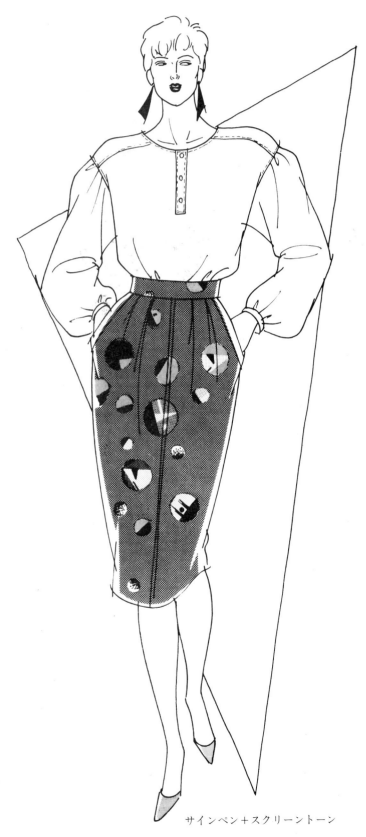

サインペン＋スクリーントーン

サインペン＋スクリーントーン＋サッピツ

サインペン＋スクリーントーン

サインペン＋スクリーントーン

サインペン＋カラーインキ

11

ワンピース・ツーピースの描き方

ワンピースとツーピースの描き方の違いとしては、ツーピースの場合に上下がはなれていることですが、これが意外と上着のすそとスカートが同じ一本の線で描き表わされ、上着丈の線を切りかえ線の様に描く人がありますので、ハッキリと上着とスカートを区別して描きましょう。

鉛筆コンテ＋マーカー

サインペン＋スクリーントーン

鉛筆コンテ＋カラーインキ

サインペン＋スクリーントーン

13

ファンデーションを描く場合は、ボディ（肌）の部分が多く見えるわけですから、コスチュームの描き方より難しい描き方です。重要なのは清潔で健康的に全体を描き上げることです。ボディにフィットしたファンデーションは、ブラジャーやコルセットなどそれぞれ機能にマッチしたポーズを考えて、女性らしさを失なわない様に表現することが大切です。ポーズなどは、正面向きよりも斜め向きの方がバストの美しさがあり、ファンデーションの雰囲気と女性らしさもでます。

サインペン＋スクリーントーン

パステル＋色鉛筆

鉛筆コンテ＋マーカー

鉛筆コンテ＋サッピツ＋マーカー

筆ペン＋鉛筆コンテ＋水彩

鉛筆コンテ＋水彩

サインペン＋パステル

パステル＋水彩

サインペン＋パステル

鉛筆コンテ＋パステル

プロポーション部分練習

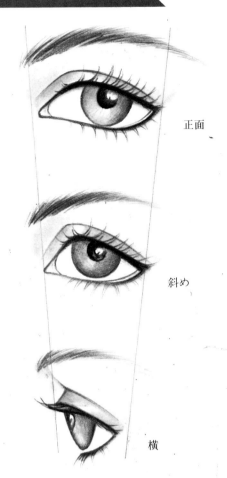

正面

斜め

横

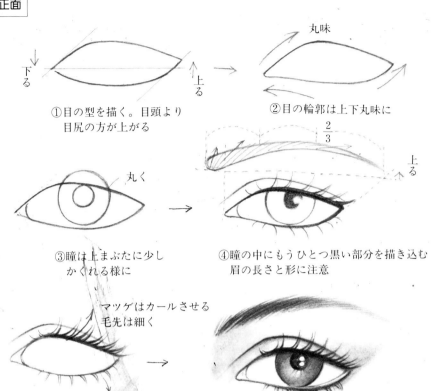

丸味

下る　上る

①目の型を描く。目頭より
目尻の方が上がる

②目の輪郭は上下丸味に

$\frac{2}{3}$

上る

丸く

③瞳は上まぶたに少し
かくれる様に

④瞳の中にもうひとつ黒い部分を描き込む
眉の長さと形に注意

マツゲはカールさせる
毛先は細く

⑤上下マツゲを入れる

仕上り　瞳を塗り眉を濃くしシャドーを入れる

目の描き方

顔の中で一番重要な部分です。また難しい描き方の部分でもあります。目の描き方で美しい顔になったり、見られない顔にもなりますので、あまり個性の強い目にならない様に。基本的な生き生きした美しい目を描きましょう。

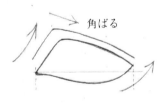

角ばる

①正面の目より長さが短くなる

②瞳は下のまぶたの中に入れない

仕上り　全体に線の強弱をつける

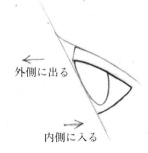
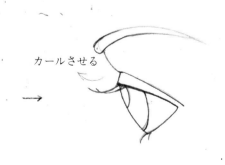

外側に出る

内側に入る

カールさせる

①目の大きさは正面の半分

②瞳、マツゲ、眉を入れる

仕上り　線に強弱をつけシャドーを入れる

男性の目の描き方

正面　　　　　　　　斜め　　　　　　　　横

男性の目の描き方

男性の目は男らしく描くことが大切です。女性の目のようにパッチリ大きくならない様に。マツゲもあまり長くたくさん描かないこと。眉は太く描くのがコツです。

子供の目の描き方

子供は可愛いイメージをこわさずに、目はパッチリとマツゲも長く描きます。眉はあまり太く濃くならないように描くことです。

子供の目の描き方

正面　　　　　　　　斜め　　　　　　　　横

いろいろな目の向き

正面下向き　　　　　　　正面上向き　　　　　　　横下向き

斜め下向き　　　　　　　斜め上向き　　　　　　　横上向き

※自分の目を鏡に写したり、写真の目を見ていろいろな目の向きを描いて研究して下さい。

口の描き方

正面

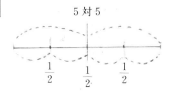

5 対 5

$\frac{1}{2}$ $\frac{1}{2}$ $\frac{1}{2}$

①直線を引き大きさをきめる

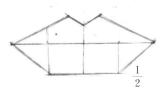

$\frac{1}{2}$

②山形の上唇と下唇を描きます
※上唇よりも下唇の方を厚めに描く

上げる

③口角をすこし上げる

④全体に角を取り丸味をつける

③ ①

②

⑤唇に影が出きますので
線に強弱をつける

⑥口紅を塗った感じに仕上げます

正面向き　口の描き方

口にも目と同じように表情があります。自然で可愛らしい口を描きましょう。
正面の口は中心線より左右対称に描くこと。下唇に光を入れると、口紅を塗った感じがでます。

斜め

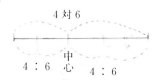

4 対 6

中
心

4 : 6　4 : 6

①口の大きさの線を6対4にします

②上下の唇の形を描く

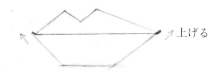

上げる

③口角をすこし上げる

④全体に角を取り丸味をつける

③ ①

②

⑤影になる所の線に強弱をつける

⑥口紅を塗った感じに仕上げます

斜め向き　口の描き方

斜め向きの口は中心より6対4の割合に描きます。

横

外側に出る

内側に入る

①上唇よりも下唇の方が
　内側にくる

山形

丸味

②上下の唇を描く

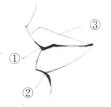

③

①

②

③線に強弱をつける

④仕上り

横向き　口の描き方

横から見た唇は絶対にうけ口にならない様に。

正面下向き　　　　　　　　正面上向き　　　　　　　　横下向き

斜め下向き　　　　　　　　斜め上向き　　　　　　　　横上向き

※自分の口を鏡に写したり、写真の口を見ていろいろな向きを描いて見ましょう。

いろいろな口のポーズ

いろいろな口のポーズ

口の表情によって、顔の表情も違ってきます。笑った口、
ほほえんだ口、怒った口、セクシーな口といろいろな口
の表情を描いて見ましょう。
口を開いた時、歯が見える様なポーズは、歯の描き方に
よって顔が恐ろしくなったりしますので、あまり歯は強
く描かない様に注意しましょう。

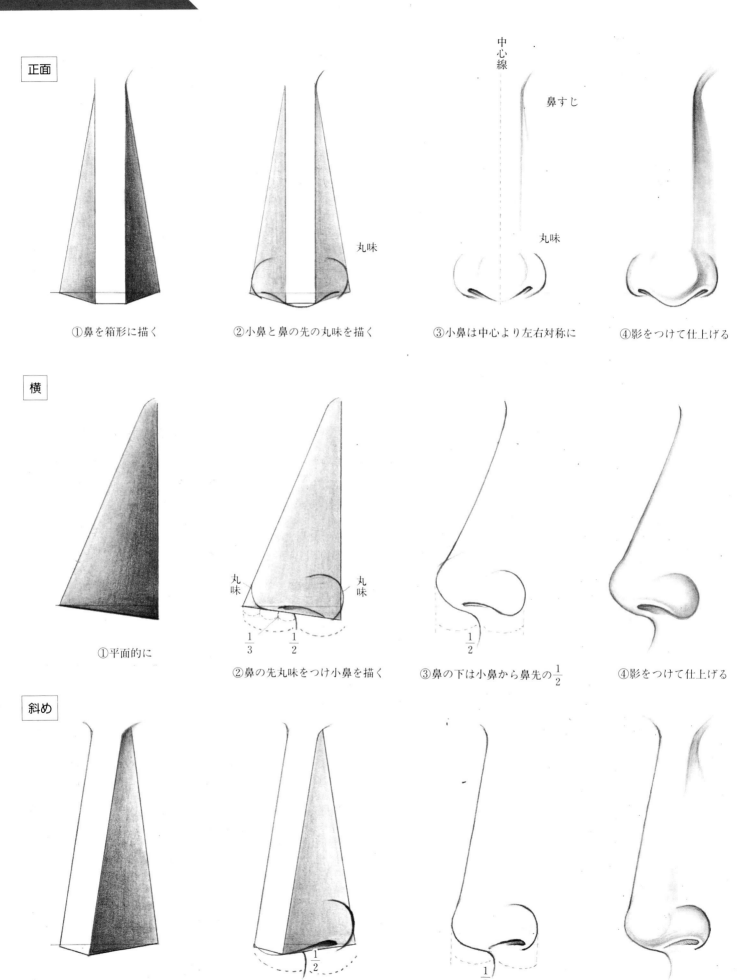

正面

①鼻を箱形に描く

②小鼻と鼻の先の丸味を描く 丸味

③小鼻は中心より左右対称に 中心線 鼻すじ 丸味

④影をつけて仕上げる

横

①平面的に

②鼻の先丸味をつけ小鼻を描く 丸味 丸味 $\frac{1}{3}$ $\frac{1}{2}$

③鼻の下は小鼻から鼻先の $\frac{1}{2}$

④影をつけて仕上げる

斜め

①箱形に描く

②小鼻と鼻先きに丸味をつける $\frac{1}{2}$

③鼻の下は $\frac{1}{2}$

④影をつけて仕上げる

正面上向き　　　　　正面下向き　　　　　斜め上向き　　　　　斜め下向き

いろいろな鼻の描き方

自分の鼻をいろいろな角度から鏡に
写したり、写真を見たりしながら描
いて見ましょう。

目や口の様に動きがないので表情に
変化もありませんが、向きによって
形も違って見えるのでなかなか難し
いものです。鼻筋の通った美しい鼻
を描いて見ましょう。

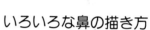

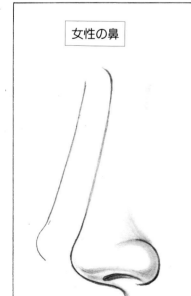 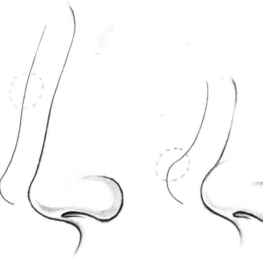

女性の鼻　　　　男性の鼻　　　　　子供の鼻

女性の鼻

横から見た鼻は、鼻筋が少し内側に
そって鼻先をやや外側に出し丸味を
つける。

男性の鼻

鼻の長さの中心に鼻骨がやや出る様
な感じ、全体に女性より大きめに描く。

子供の鼻

鼻筋が短かく、ややしゃくれて可愛
らしい鼻に描く様に。

女性

(横向き)　(斜め向き)　(正面向き)

女性　女性の顔の描き方は、正面向きの場合に卵形の顔の輪郭を描き、横幅を半分に割り、高さを4等分にし、目・口・鼻の位置をきめます。斜め向きの顔幅は、正面よりやや広くなり、左右の顔の面積も違って見えます。横向きの場合は、輪郭の幅が正方形に近くなります。

男性

(横向き)　(斜め向き)　(正面向き)

男性　男性の場合も女性のプロポーション位置と変りませんが、あごの長さをやや長目に描き、幅も広く描きます。もちろん眉を太く描くことで男性らしくなります。

子供

(横向き)　(斜め向き)　(正面向き)

子供　子供の場合は、おでこを広めに顔の輪郭も少し丸く描き、顔の長さの中心に眉がくる様に。目と目を広くはなし、あごは丸く全体にポッチャリ可愛らしく描く様に。

顔の描き方

○ヘアーを描き込み、シャドーを入れ仕上げて見ましょう。

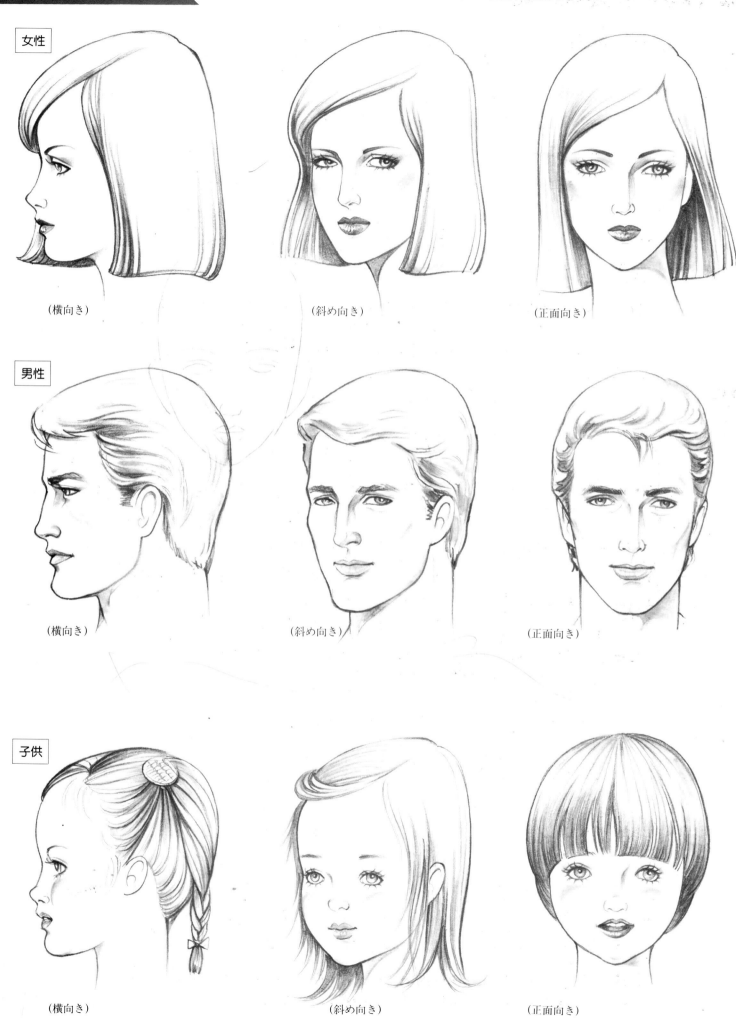

女性

（横向き）　　　　　　　　　　（斜め向き）　　　　　　　　　　（正面向き）

男性

（横向き）　　　　　　　　　　（斜め向き）　　　　　　　　　　（正面向き）

子供

（横向き）　　　　　　　　　　（斜め向き）　　　　　　　　　　（正面向き）

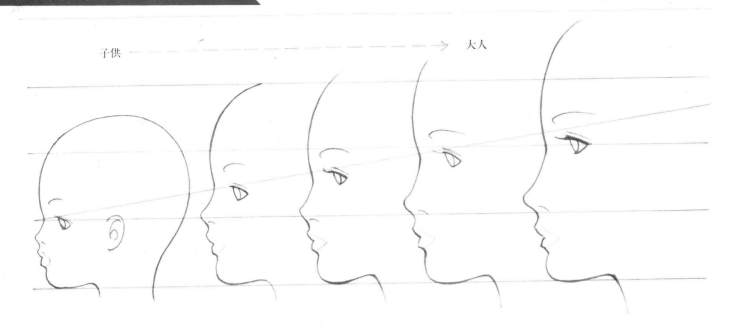

子供 ← → 大人

顔の描き方順序

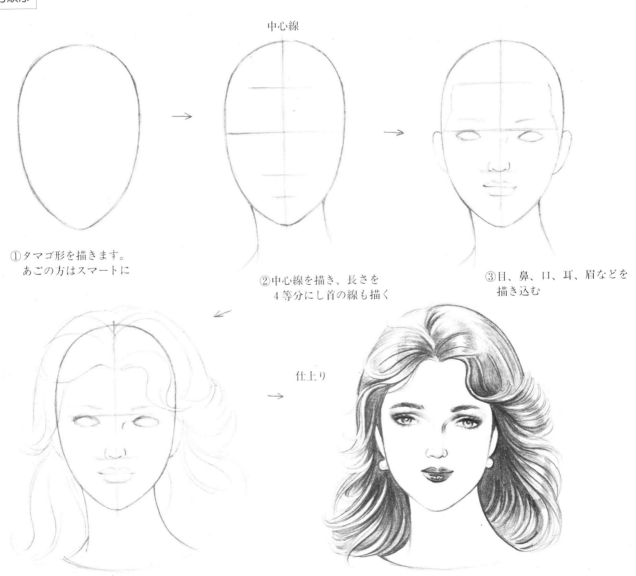

中心線

①タマゴ形を描きます。
あごの方はスマートに

②中心線を描き、長さを
4等分にし首の線も描く

③目、鼻、口、耳、眉などを
描き込む

④ヘアスタイルの形と流を描き入れる

仕上り

⑤ヘアに陰影をつけ、顔にメイクを描き込み
仕上げます

基本ポーズ

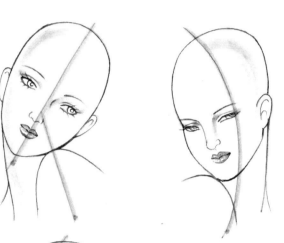

美しく見えるポーズ

美しく見える首のポー

ヘアースタイル画や、顔だけを描く時に首の向きによって美しさが違ってきます。特に女性の首には美しさがあります。基本のポーズは頭部と首を通る軸が直線で安定して見えますが、静止無表情な感じがします。美しく見えるポーズは、頭部や首の角度をちょっと変えるだけで、全体に表情が生まれます。頭部から首にかけてL字形やイの字形に変えると、イメージがよりアップします。

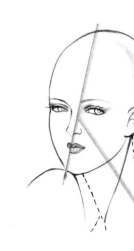

顔と首筋

美しく見えるポーズを作ると、首にはかならず首筋が見えてきます。この首筋も女性には非常に重要な部分です。顔の向きによって首筋の出方が違ってきますので、自分の首を鏡に写して見ましょう。

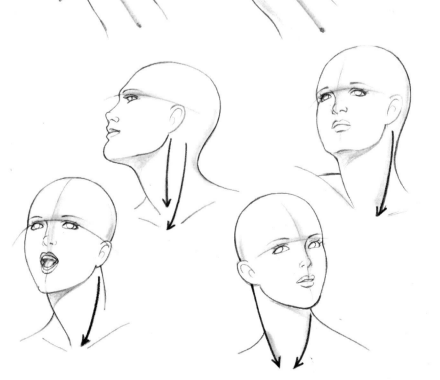

いろいろな顔のポーズ

前のページでは、正面、斜め、横向きの基本的な顔の向きを描いてきましたが、ここでは、いろいろ難しいポーズを応用として描いて研究して見ましょう。

ヘアーの描き方もいろいろあります
が、ここでは、まず初めに鉛筆を2
Hから3B位を使いわけて写実的な
描き方から入りましょう。鉛筆で描
ける様になったらコンテ、筆、サイ
ンペンなどいろいろな用具で描いて
見ましょう。ヘアーの線などもだん
だん少なくして、ムード的な描き方
も練習して下さい。

ムード的描き方

今までの描き方とは対象的に説明を
できるだけはぶき、イメージだけで
描いた、ムード ヘアー イラストレ
ーションです。デザインよりムード
を表わすのが目的ですから、細部に
気を使うよりシルエットを的確につ
かみ、全体をソフトなムードに表現
することが大切です。用具はコンテ
とサッピツを使いました。

実際の人間のプロポーションはスマートな人でも、7頭身か7頭身半とされています。このプロポーションでファッションイラストを描いて見ると、寸たらずのプロポーションで美しく見えません。ファッションイラストのプロポーションは、8頭身以上に引き延ばし（ディフォルメ）が常に必要になってきます。引き延ばす時は、上半身の長さはそのままに、足だけを顔の長さ1個分長くした8頭身です。

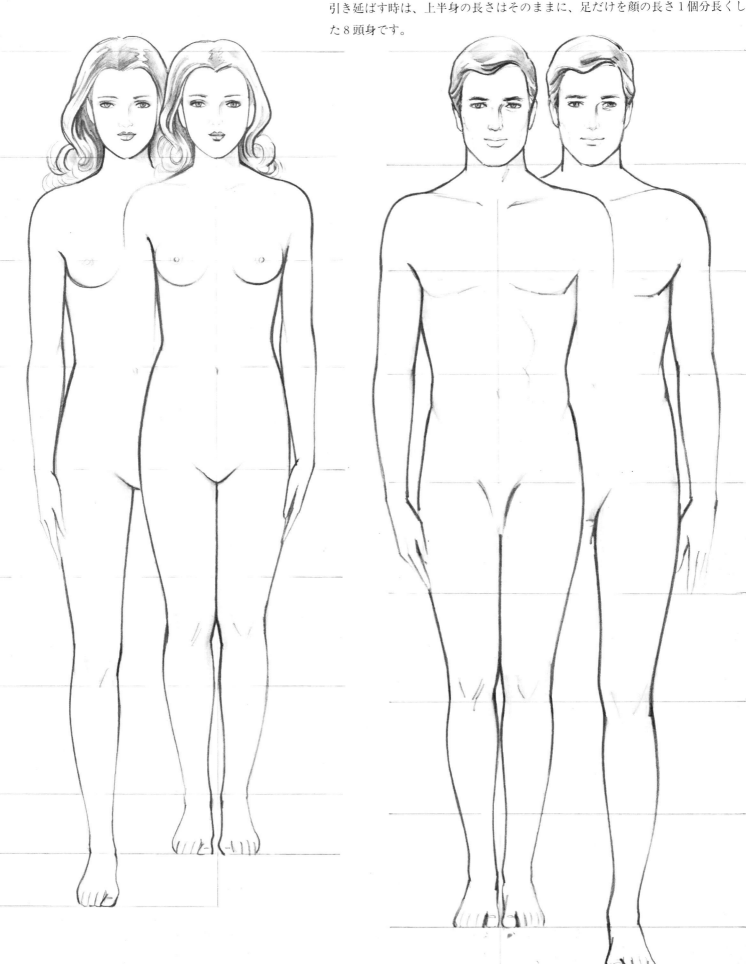

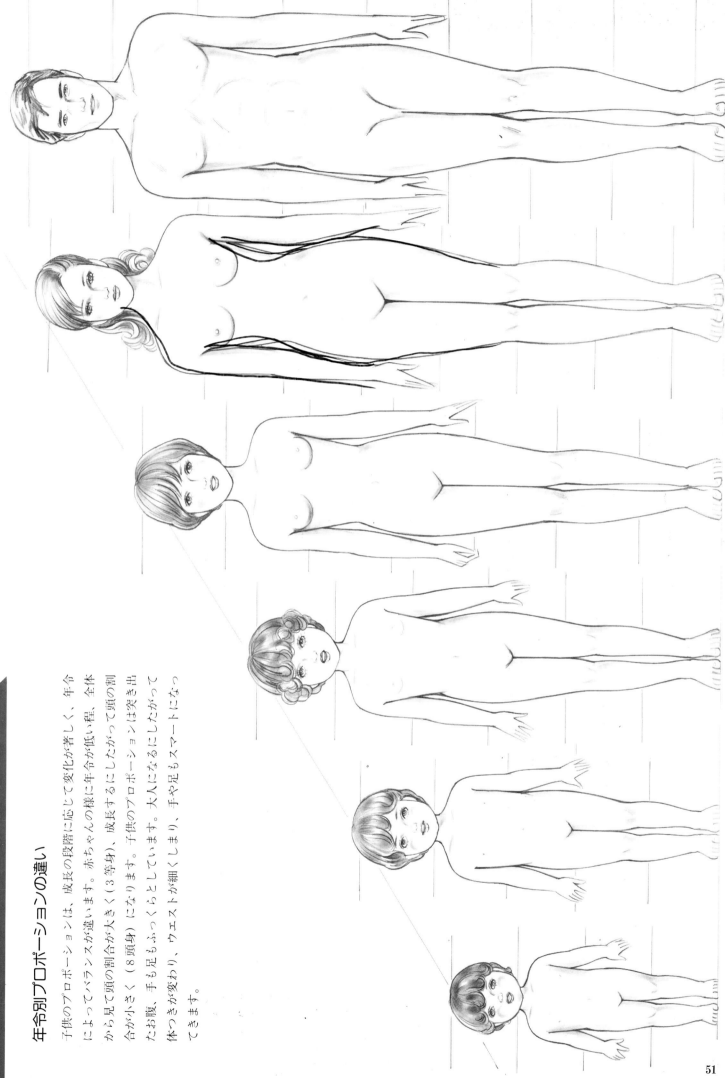

子供と大人のプロポーション

年令別プロポーションの違い

子供のプロポーションは、成長の段階に応じて変化が著しく、年令によってバランスが違います。赤ちゃんの様に年令が低い程、全体から見て頭の割合の割合が大きく（3等身、成長するにしたがって頭の割合が小さく（8頭身）になります。子供のプロポーションは突き出たお腹、手も足もぷっくらとしています。大人になるにしたがって体つきが変わり、ウェストが細くしまり、手や足もスマートになってきます。

女性のプロポーション

大人の女性のプロポーションは8頭身に描きます。頭の先からつまさきまでの½がヒップライン、腕を真っすぐ下した場合に、手の指先きはヒップラインと膝の½、肘はウエストライン、膝は足の長さの½にある。このプロポーション位置は、背が低くても高くても皆だいたい変りません。(多少の個人差はありますが) 女性のプロポーションは、曲線で出きている所に注意します。

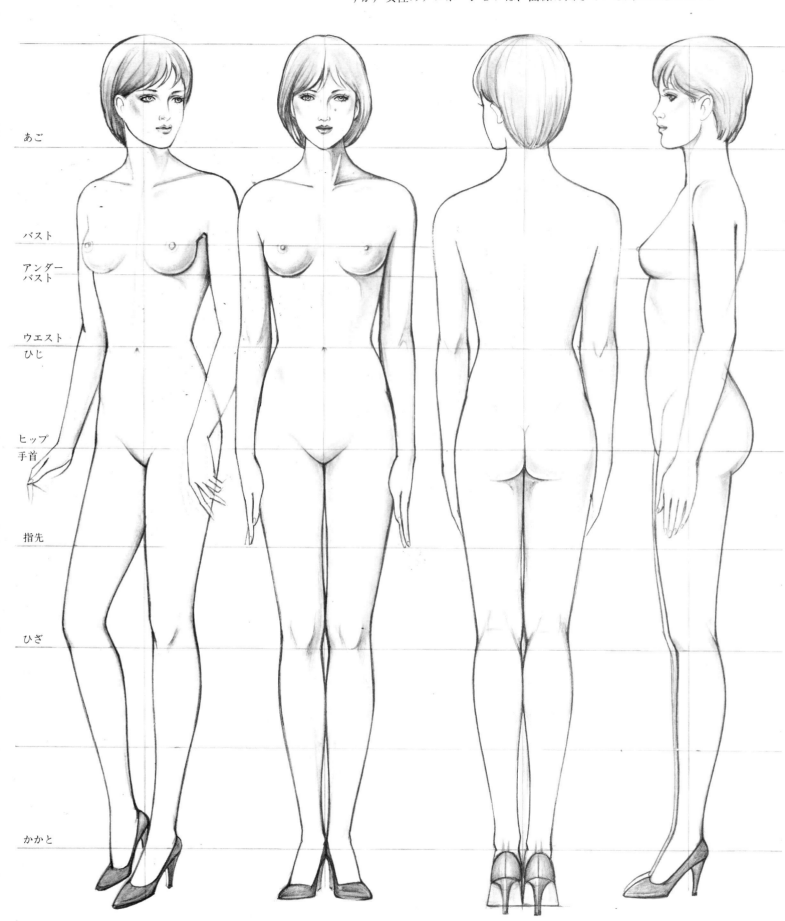

あご

バスト

アンダー
バスト

ウエスト
ひじ

ヒップ
手首

指先

ひざ

かかと

男性のプロポーションは女性のプロポーションと変りがありませんが、女性の
プロポーションの曲線に対して男性のプロポーションは、直線的な身体つきで
す。首は太く、肩幅は広く、ウエストとヒップの太さが、あまり変りません。

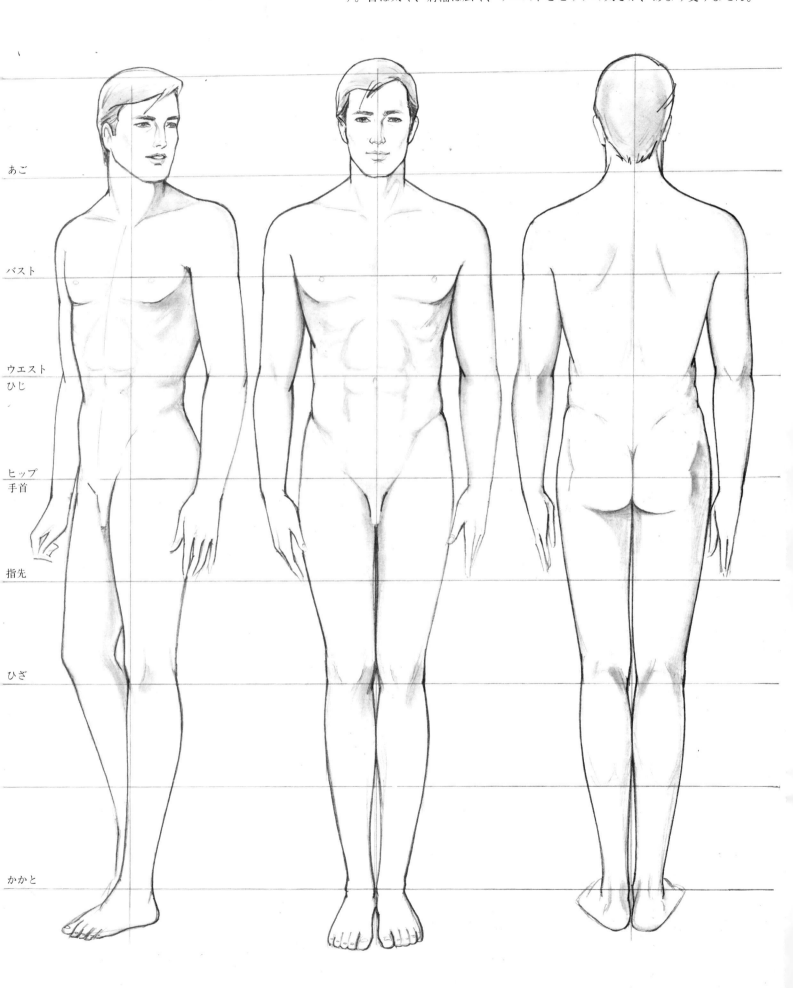

あご

バスト

ウエスト
ひじ

ヒップ
手首

指先

ひざ

かかと

ファッションイラストを描く場合には、人体の裸体を理解することから始まります。体形を知らなければ、美しいファッションイラストも描けません。ヌードクロッキー、デッサン、ヌード写真などを見て女性の裸体を描き研究しましょう。

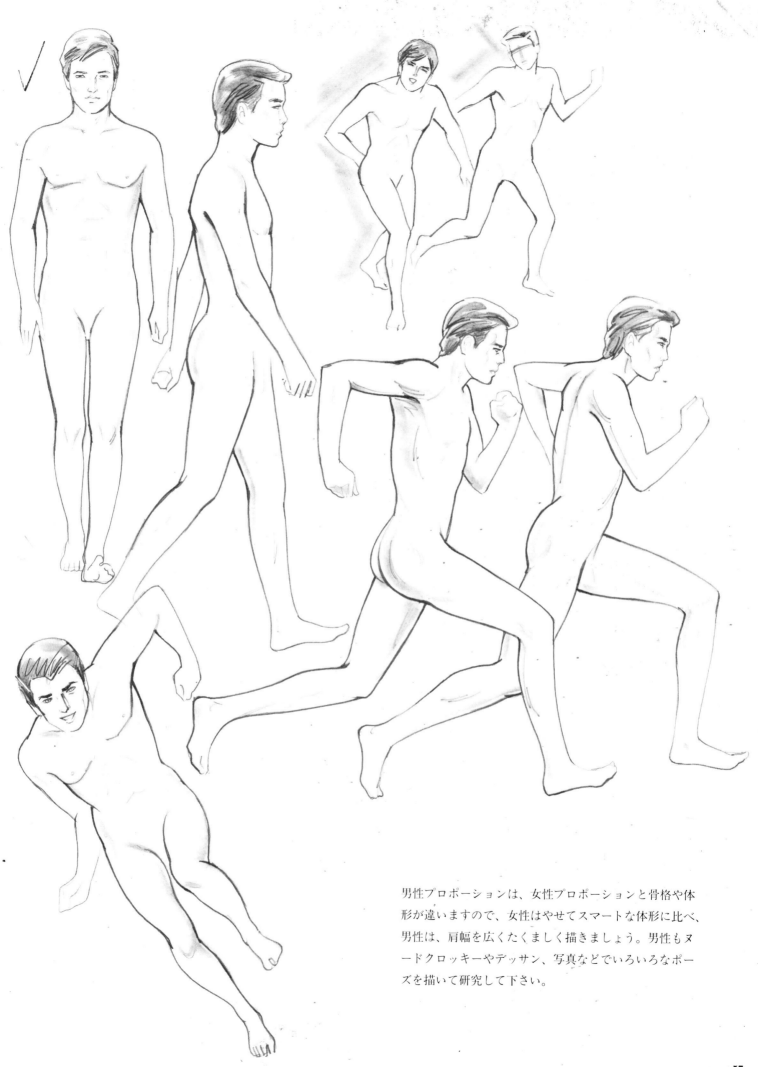

男性プロポーションは、女性プロポーションと骨格や体形が違いますので、女性はやせてスマートな体形に比べ、男性は、肩幅を広くたくましく描きましょう。男性もヌードクロッキーやデッサン、写真などでいろいろなポーズを描いて研究して下さい。

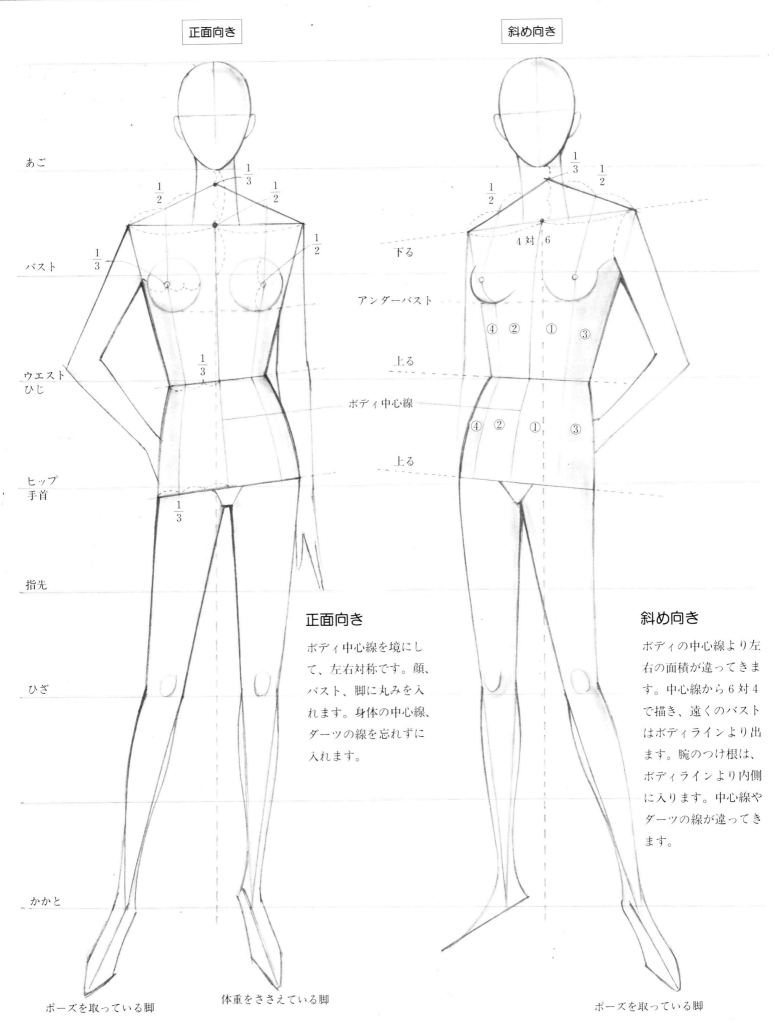

正面向き

斜め向き

あご

1/2　1/3　1/2

バスト

1/3　1/2

ウエスト
ひじ

1/3

ヒップ
手首

1/3

指先

ひざ

かかと

4 対 6

下る

アンダーバスト

④ ② ① ③

上る

ボディ中心線

④ ② ① ③

上る

正面向き

ボディ中心線を境にし
て、左右対称です。顔、
バスト、脚に丸みを入
れます。身体の中心線、
ダーツの線を忘れずに
入れます。

斜め向き

ボディの中心線より左
右の面積が違ってきま
す。中心線から6対4
で描き、遠くのバスト
はボディラインより出
ます。腕のつけ根は、
ボディラインより内側
に入ります。中心線や
ダーツの線が違ってき
ます。

ポーズを取っている脚　　体重をささえている脚　　ポーズを取っている脚

正面向き着装

肉付けをした裸体のプロポーショ
ンを下敷きにして、洋服を着せてい
きます。まずシルエットの形を描
き、ディティールを描き入れます。
コスチュームを描く時は、デザイ
ンの特長、シルエットライン、衿
の大きさ、ポケット、ボタンなど
の位置、丈の長さなどに注意しま
しょう。

斜め向きプロポーション骨組

中心線から左右面積が違います。ここに描いているポーズは、6対4の斜め向きです。肩線、ウエスト線、ヒップ線は共に平行に描かずに、その延長線が必ず一点で交わるように描き、動きのあるポーズを描いた方が美しく見えます。

子供プロポーション

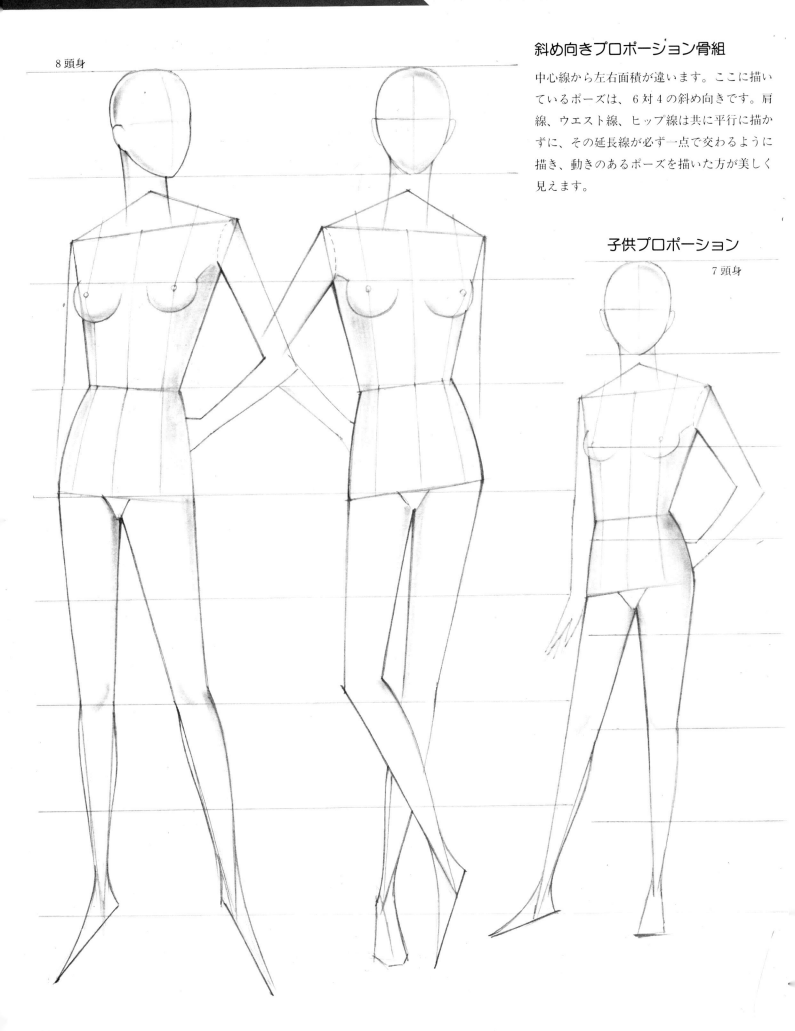

8頭身

7頭身

斜め向きプロポーション肉付け

正面向きの肉づけと同じですが、正面向きと
違う点は、全体が中心線を境にして 6 対 4 に
なり、バストポイントの位置、腕のつけ根な
どが違う所に注意しましょう。

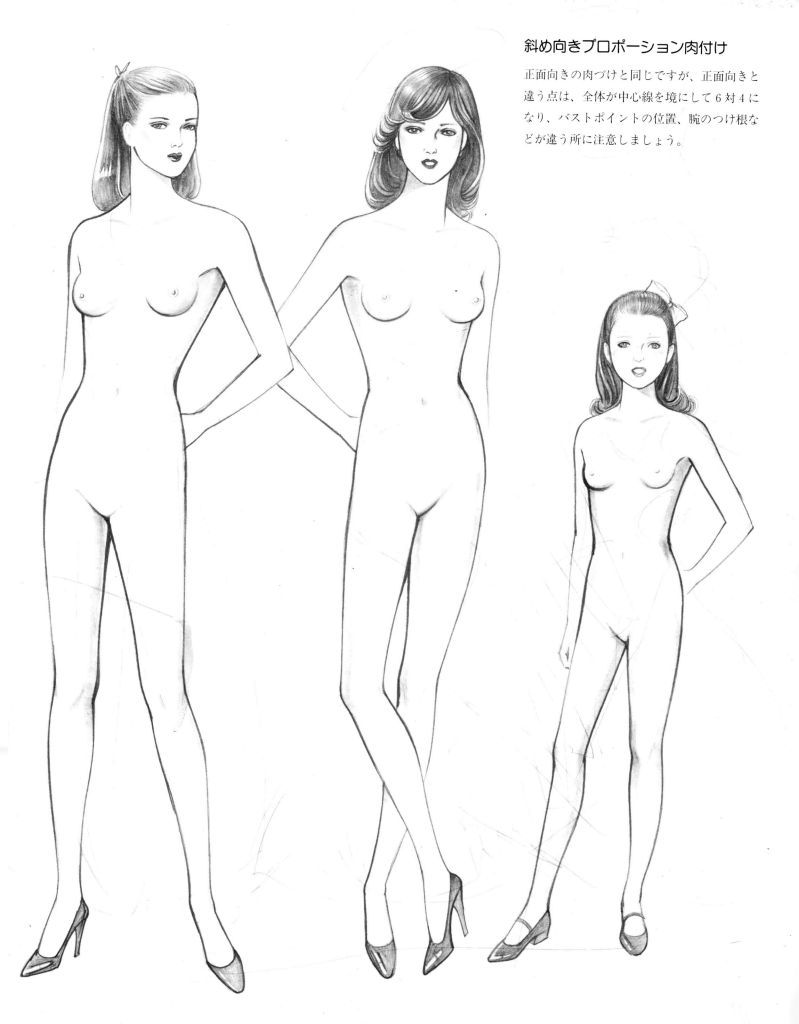

斜め向き着装

着装の時に気をつけなければならないのは、身体の見える部分とコスチュームに隠れている部分との連結をよく考えて描くことです。見えない身体の部分がどうなっているか知るには、ヌードクロッキーや写真のヌードを沢山描いて理解することです。

正面向き着装

男性の場合は、洋服を着た時に全体に細目にならない様に、男らしくたくましい感じに描きましょう。ボディの中心線がボタン位置です。正面はコスチュームの形も、左右対称に描く様にします。左右対称に描くのは、意外と難しいものです。

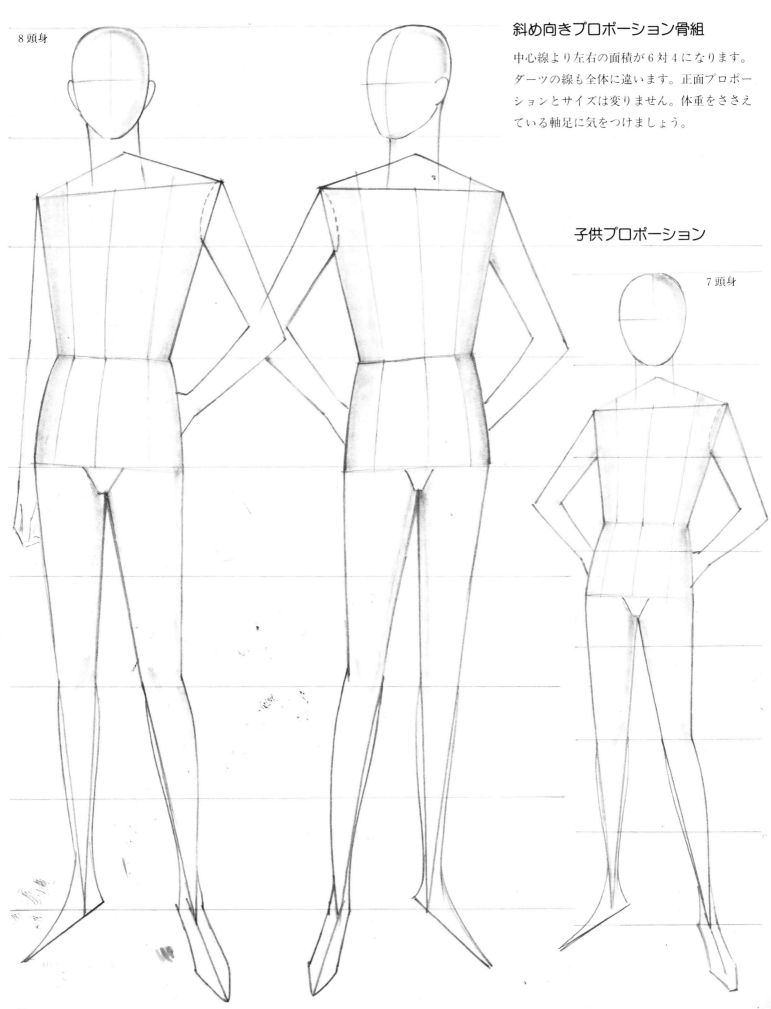

8頭身

斜め向きプロポーション骨組

中心線より左右の面積が6対4になります。ダーツの線も全体に違います。正面プロポーションとサイズは変りません。体重をささえている軸足に気をつけましょう。

子供プロポーション

7頭身

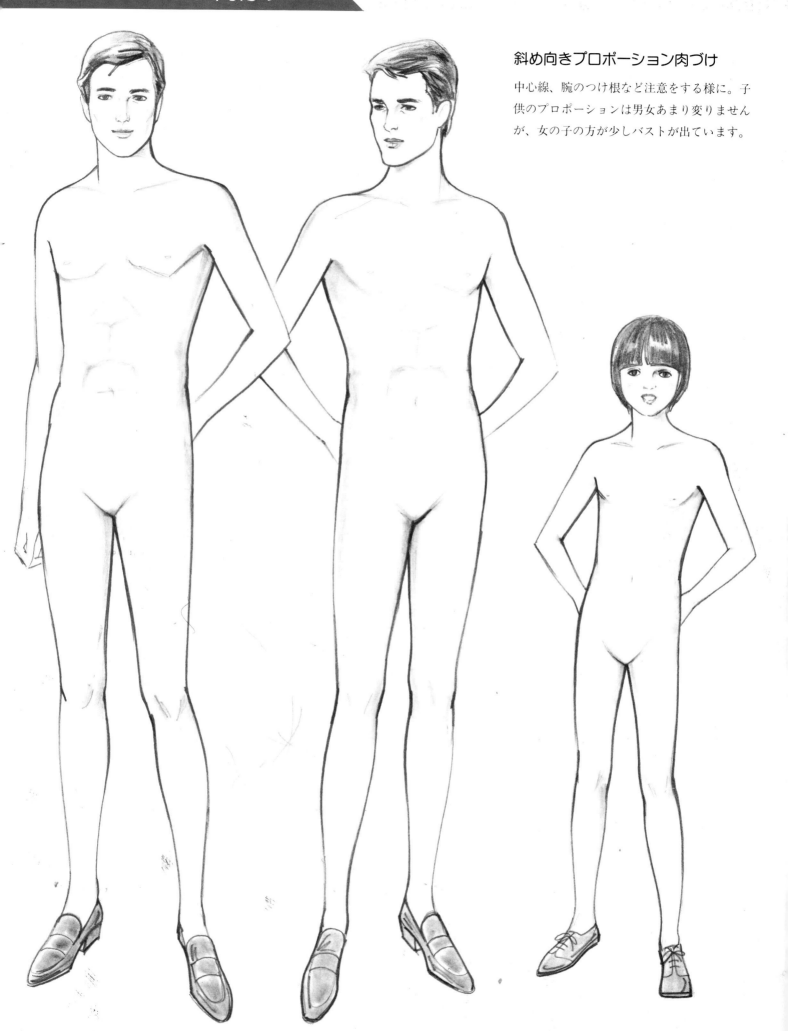

斜め向きプロポーション肉づけ

中心線、腕のつけ根など注意をする様に。子
供のプロポーションは男女あまり変りません
が、女の子の方が少しバストが出ています。

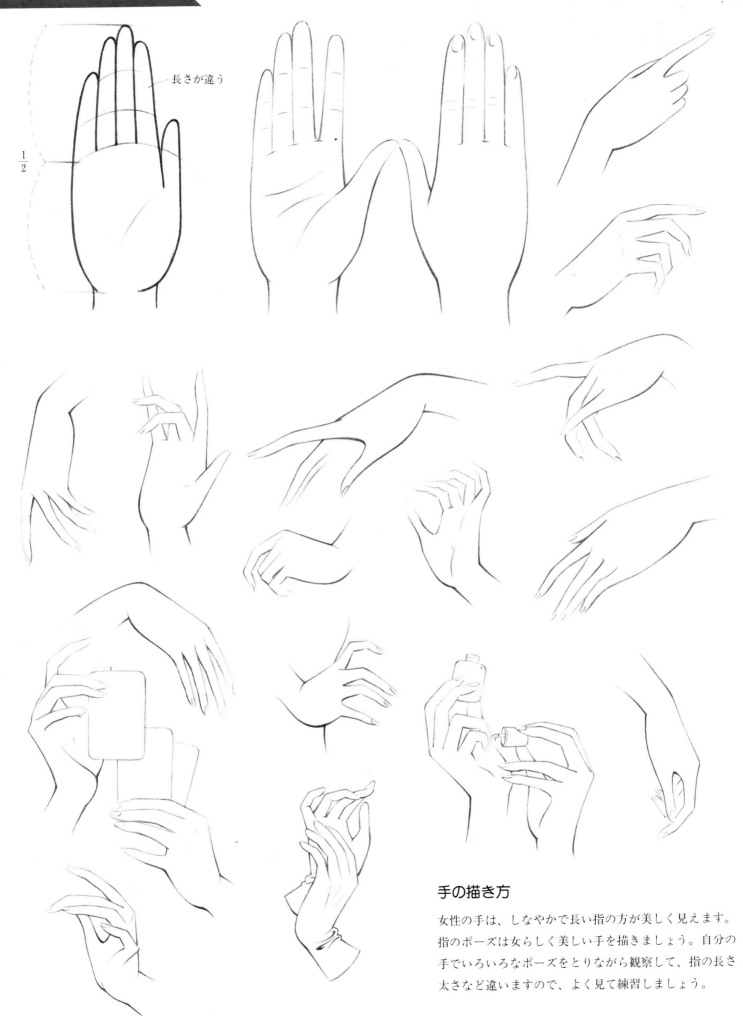

長さが違う

$\frac{1}{2}$

手の描き方

女性の手は、しなやかで長い指の方が美しく見えます。指のポーズは女らしく美しい手を描きましょう。自分の手でいろいろなポーズをとりながら観察して、指の長さ太さなど違いますので、よく見て練習しましょう。

腕の描き方

上る　下る　上る　下る　下る

腕の描き方

腕は手と切り離して練習してはいけません。
腕の練習すなわち、腕と手の練習だと思って
ください。腕の動きによって、その肉づきの
感じ、筋肉のふくらみ具合などが違ってきま
すので、注意して描いて見ましょう。

73

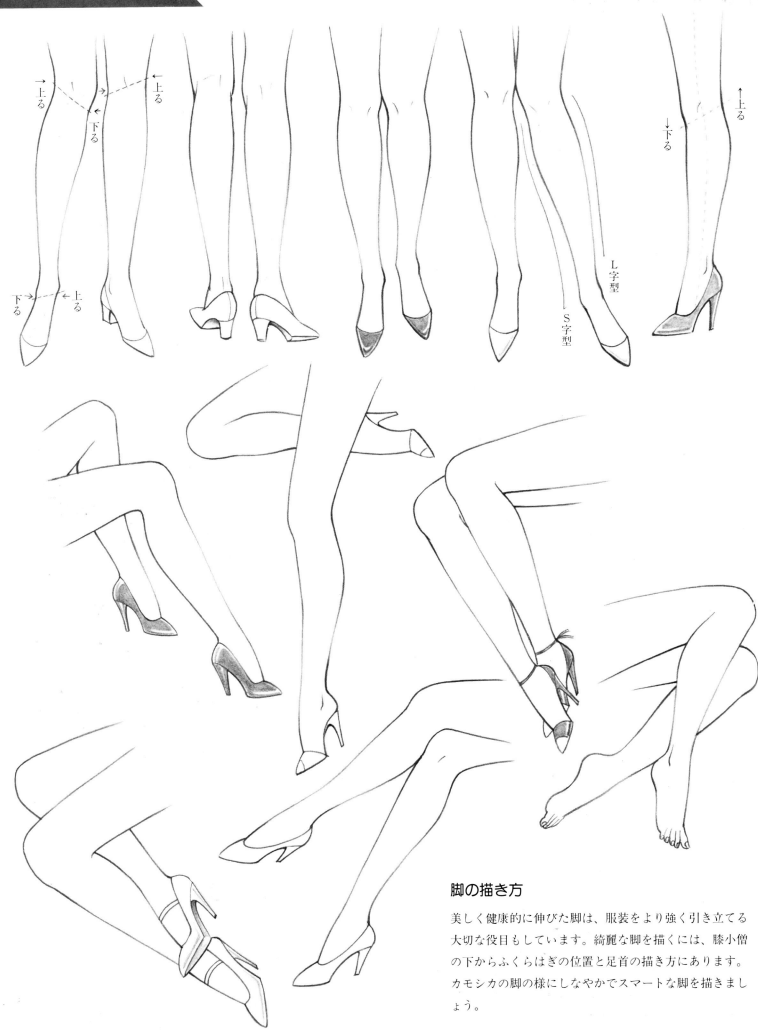

上る　上る
下る
下る　上る

S字型

L字型

上る
下る

脚の描き方

美しく健康的に伸びた脚は、服装をより強く引き立てる大切な役目もしています。綺麗な脚を描くには、膝小僧の下からふくらはぎの位置と足首の描き方にあります。カモシカの脚の様にしなやかでスマートな脚を描きましょう。

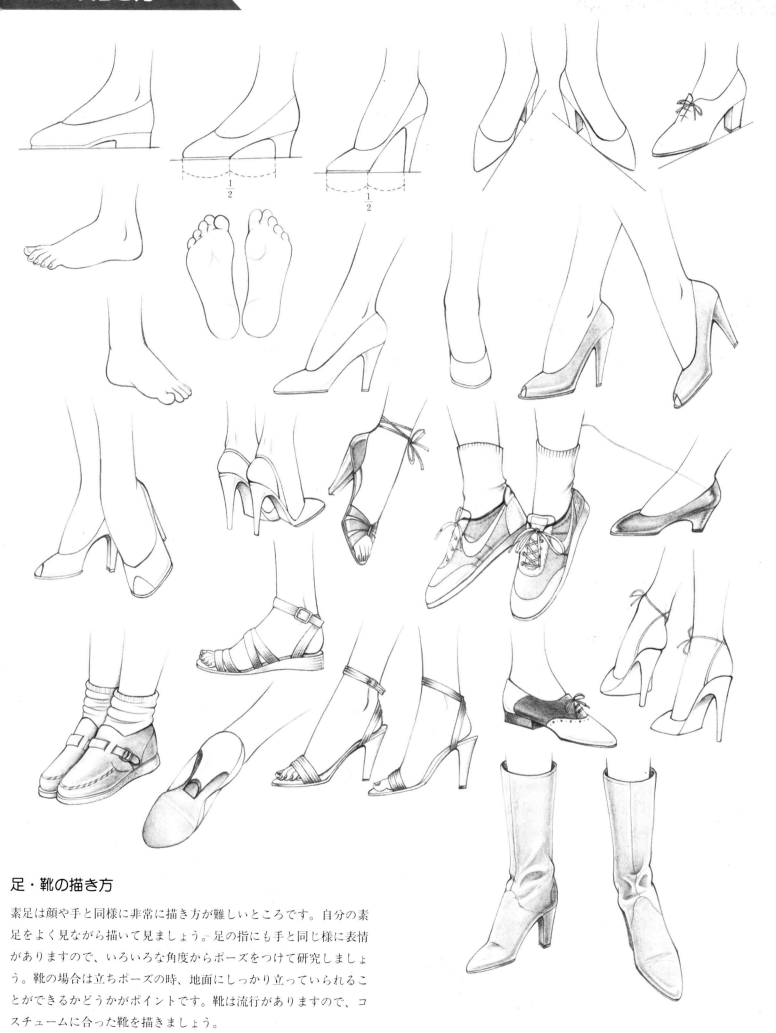

足・靴の描き方

素足は顔や手と同様に非常に描き方が難しいところです。自分の素
足をよく見ながら描いて見ましょう。足の指にも手と同じ様に表情
がありますので、いろいろな角度からポーズをつけて研究しましょ
う。靴の場合は立ちポーズの時、地面にしっかり立っていられるこ
とができるかどうかがポイントです。靴は流行がありますので、コ
スチュームに合った靴を描きましょう。

袖の描き方

袖つけや袖口は腕の立体感を出すために曲線で描き、また袖にできるしわは、材質、布の厚み等によって変ってきます。いろいろな袖の種類を描いて練習しましょう。

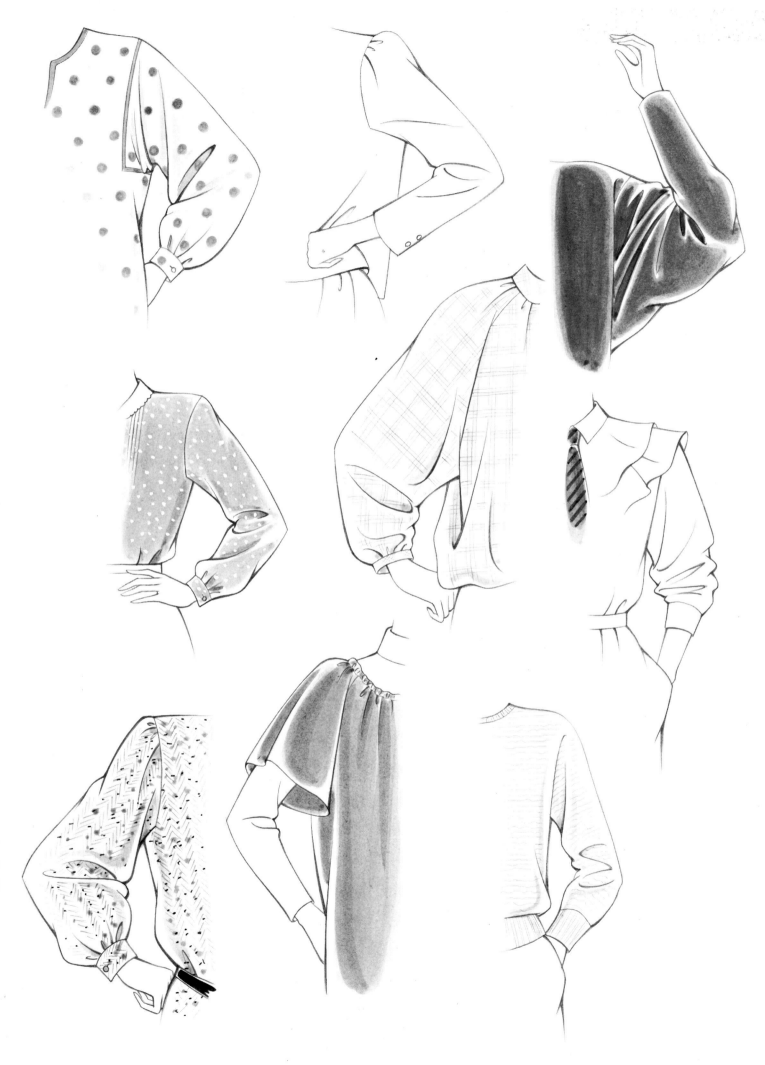

描き上げたファッションイラストをより リアルに表現するために、柄や素材の描き方を研究して見ましょう。柄の種類は無限ですが、まずポピュラーな柄の描き方をマスターしましょう。最初はできるだけ省略しないで丁寧に描き込みましょう。ダーツやディテールなどデザインがわかる様に、その部分はうすく描くか、省略するかして柄を描きましょう。

ファッションイラストでしわを描きわけることは、イラストレーションには大変重要です。シワを描くことによって、身体の動きやボディの立体感を出すのになくてはならないものです。またデザインギャザーやドレスの重みによる自然のしわなどの出かたの違いで、布地の質感なども違ってきます。布地の柔らかいものは、必然的にしわが多くなり、また厚手のものは、大きいしわでしわ数も少なく出ます。

描き方のポイントは、頭にどのようにフィットしているか、クラウンの深さや形は、プリム（つば）の幅やそりぐあい、素材など理解して描きましょう。

光沢のある皮

ファッションイラストレーション
を描く際に、布地の持つ素材感を
どう表現するかが、描き手にとっ
て重要な要素になります。柔らか
さ、粗さ、なめらかさ、光沢、透
明感、張り具合などをよく観察し
て練習を繰り返してください。

まず鉛筆の薄い２Ｈぐらいで全体
を描きます。鉛筆の芯は、細く削
って描くこと。だんだんと濃い鉛
筆（３Ｂ）で全体に描き込みます。
また、薄いところのぼかし（グラ
デーション）はサッピツを使いぼ
かします。光沢のある所は練りゴ
ムで消して明るさを出します。
（光っている所と暗い所は、ハッ
キリと描くと立体感が増します）
毛皮の厚さと重味を出すことに注
意しましょう。

ねりゴム

サッピツ

鉛筆(2H～3B)

毛皮と光沢のある布地

最初は薄い鉛筆で描いていきますが、毛皮の部分は鉛筆だけですと硬く見えるので、水彩か墨を使って筆で描き込むと、毛皮の柔らかさが出ます。明るい部分は、ポスターカラーのホワイトを使います。パンツのぼかしは、サッピツで描き込み、明るく光っている部分は、消しゴムか練りゴムで描き込んで下さい。

筆

サッピツ

鉛筆
（2H
〜
3B）

コーティング加工した布地

薄い鉛筆（2H）で全体を描き、
だんだんと濃い鉛筆（3B）を使
って描き込み、サッピツでぼかし
て、明るい部分は練りゴムを使い
ます。最後の仕上げは全体の感じ
を見ながら、濃い部分を描き込ん
で仕上げます。

ねりゴム

サッピツ

鉛筆(2H)

鉛筆(3B)

ストーン ウオッシュの皮

ここでは鉛筆を使わずに、鉛筆コンテ（黒、グレー）を使ってストーンウォッシュの感じを出します。明るい部分はグレーで描き、サッピツを使いぼかし、濃い部分や輪郭は、黒の鉛筆コンテで描きサッピツでぼかしていき、光っている部分は練りゴムで消しながら描き込みます。サッピツの太さもいろいろありますから、描き込む面の大きさに合わせて太さを選びましょう。

鉛筆コンテ（グレー）

鉛筆コンテ（黒）

サッピツ

デザイン、シルエットの違いでフィットする部分、
離れる部分がたいへん違うのがわかります。

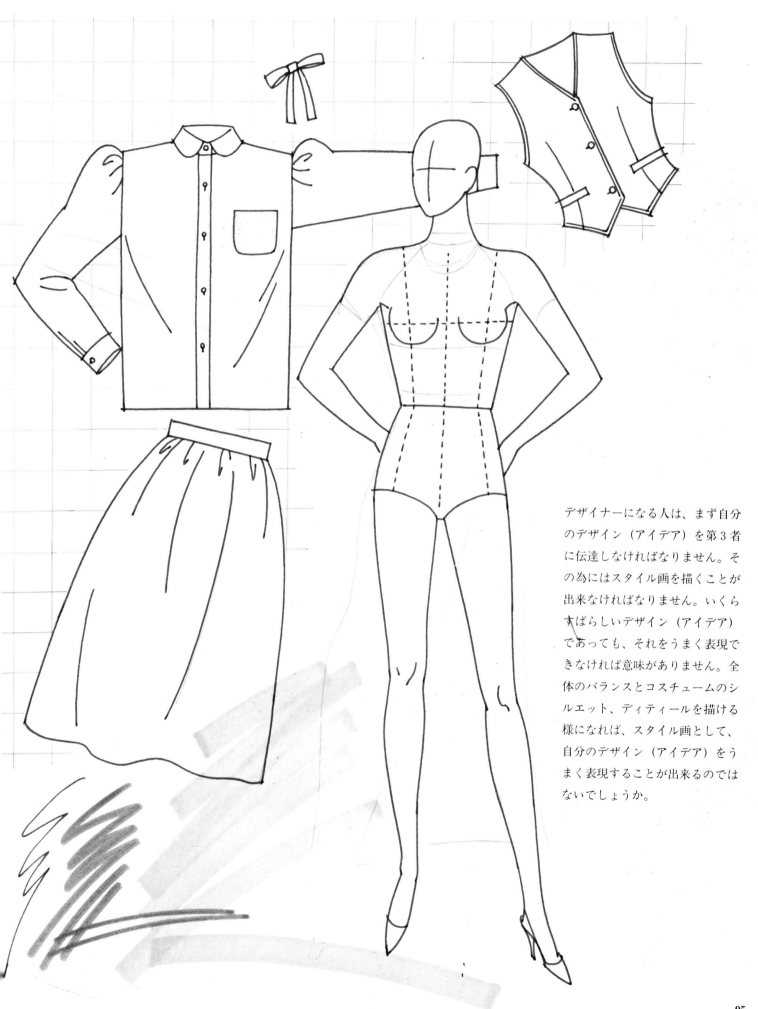

デザイナーになる人は、まず自分のデザイン（アイデア）を第3者に伝達しなければなりません。その為にはスタイル画を描くことが出来なければなりません。いくらすばらしいデザイン（アイデア）であっても、それをうまく表現できなければ意味がありません。全体のバランスとコスチュームのシルエット、ディティールを描ける様になれば、スタイル画として、自分のデザイン（アイデア）をうまく表現することが出来るのではないでしょうか。

①コスチュームパターン

②ボディーに着装

描き方の順序

最初にプロポーション裸体（8頭身）を下敷きにして、その上にスケッチブック（薄い紙）をのせ、裸体が写りますから、写った裸体の上に自分のデザインをパターン画に描いていき、最後にディティールを描き込みます。顔やヘアーなどはあまり描き込まずに少し省略します。

③顔、ヘア、ディティールを描く

⑥衿、袖口、リボン、
柄などを色づけ

④マーカーで肌色、ヘアー、
ベストに色づけ

⑤スカートは省略に色づけ

⑦仕上げは、メイクや
影をつけ、バックに
タッチを入れる

8頭身の描き方だけでなく、デフォルメした
プロポーションなどで、美しく見えるポーズ
とプロポーションで描き上げ、色の塗り方も
全体のデザインの雰囲気がわかる程度に省略
して色をつけます。

写真のポーズを描く

① 写真のポーズを見て、8頭身の
　骨組を描く。

② その骨組にヘア、目、口、鼻、
　コスチュームのシルエットを描
　き込みます。

③ デザインのディティール、ギャザー、ひだ、
　柄などを描き込む。

④ 全体に形や、細部が描き上ったら、それを
　下敷きにして、うすい紙にもう一度きれい
　に清書します。

⑤

⑥

⑦

⑧

⑤清書したイラストをケント紙に写します。肌色から塗りはじめます。

⑥ヘア、メイク、柄などを色づけします。

⑦柄を丁寧に描き込みます。

⑧鉛筆で下描きをした所を、全部サインペンの細さで輪郭を描き、仕上げます。

ファッションイラストでは、顔の
描き方ひとつでコスチュームの良
さが違ってきます。特にそのコス
チュームのムードに合ったメイク
の仕方が重要になってきます。可
愛い顔、大人ぽい顔、個性的な顔
といろいろなメイクの仕方を研究
して、きれいな顔を描いてみましょ
う。

ニットの描き方

ニットの場合は布地と違い厚味がありますが、身体の線がはっきりと出ます。またしわは沢山でません。ゆったりした曲線のあるしわですので、よく注意をして見ましょう。全体のコスチュームの雰囲気は丸味があります。編み目なども丁寧にくわしく描きましょう。

パステル＋色鉛筆

パステル

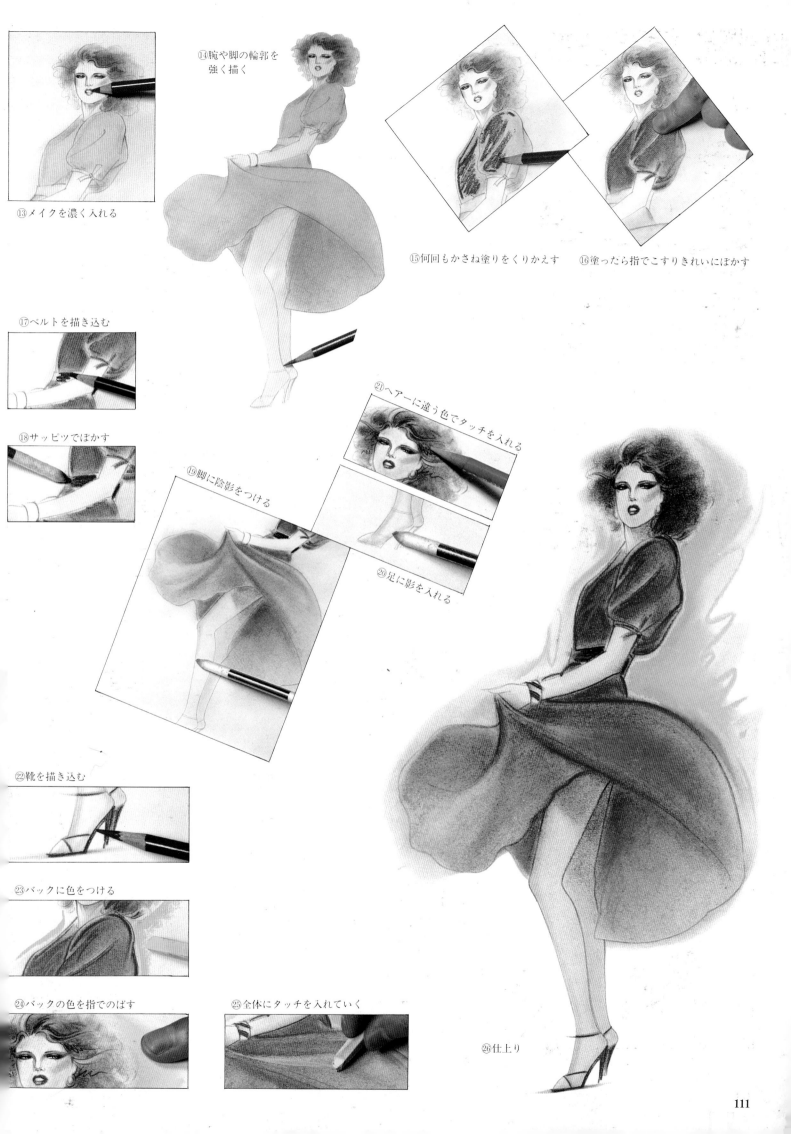

⑬メイクを濃く入れる

⑭腕や脚の輪郭を
強く描く

⑮何回もかさね塗りをくりかえす

⑯塗ったら指でこすりきれいにぼかす

⑰ベルトを描き込む

⑱サッピツでぼかす

⑲脚に陰影をつける

㉑ヘアーに違う色でタッチを入れる

⑳足に影を入れる

㉒靴を描き込む

㉓バックに色をつける

㉔バックの色を指でのばす

㉕全体にタッチを入れていく

㉖仕上り

111

いろいろなテクニック

○ マーカー＆サインペン

①マーカーセット

②色出しやためし描きをする

③肌色を塗る

④ヘアーを塗る

⑤シャツを塗る

⑥スカートを塗る

⑦ベストを塗る

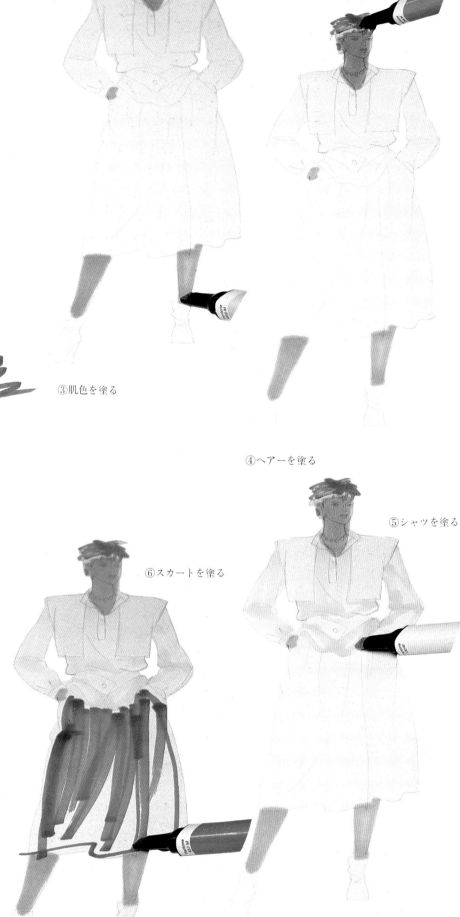

⑧ベルトを塗る

⑨靴を塗る

⑩ヘアーバンドを塗る

⑪口紅を入れる

⑫イヤリングの色づけ

⑬ホ、紅を塗る

⑭サインペンで輪郭を入れる

⑮全体にサインペンで輪郭を入れる

⑯仕上り

いろいろなテクニック

○ エアーブラシ

①エアータンクと用具

②下描きの仕上り

③下描きをカーボン紙を使ってイラストボードにトレース・ダウン

④トレース・ダウンしてたしかめる

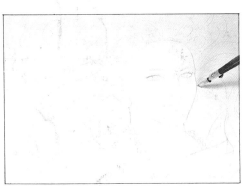

⑤色出しとピースコンの調節

⑥下描きにフィルムをのせ、デザインカッターでカットする

⑦フィルムをカットした部分

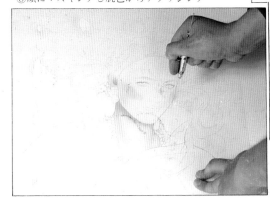

⑧顔にマスキングし肌色からブラッシング

⑨肌のすけて見える部分にフリーハンドでブラッシングする

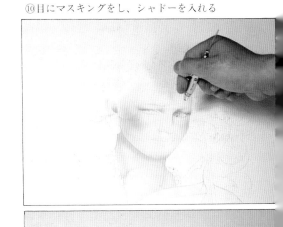

⑩目にマスキングをし、シャドーを入れる

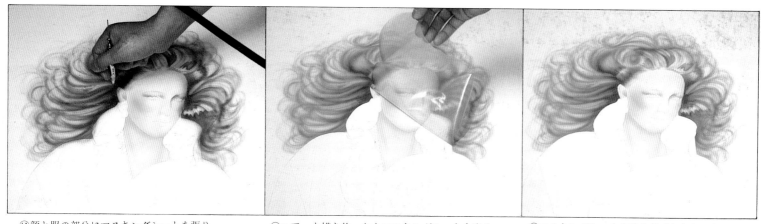

⑪顔と服の部分にマスキングシートを張り、
　ヘアーを描き込む

⑫ヘアーを描き終ったらマスキングシートを取る

⑬マスキングシートを取りはずしたところ

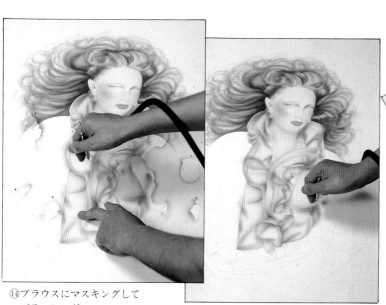

⑭ブラウスにマスキングして
　ブラッシング

⑮フリーハンドで強弱を入れる

⑯ブラウスに
　色をつけたところ

⑰ジャケットにマスキングをし
　ブラッシング

⑲瞳を入れる

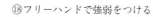

㉒全体が大体仕上ったところ

⑱フリーハンドで強弱をつける

115

㉓あごの下や首の影を描き込む

㉔イヤリングに色づけをする

㉕フリーハンドでブラウスに違う色を入れる
すけている感じを出す

㉖目や眉に鉛筆コンテで濃く描き入れる

㉗鉛筆パステルのホワイトで、シャドーの
明るいところを描き込む

㉘パステルでホワイトを入れたシャドーの
ところをサッピツでぼかす

㉙パステルのホワイトで目の白い
ところを描き込む

㉚唇の光っているところにホワイト
を入れる

㉛ヘアーの明るいところにパステル
のベージュ色で描き込む

㉜パステルで書き込んだところを、
サッピツか指でぼかす

㉝瞳の光っているところにポスター
カラーのホワイトで入れる

㉞唇の一番明るいところにホワイト
を入れる

㉟イヤリングやネックレスの明るい
ところにもホワイトを入れる

㊱仕上り

116

鉛筆＋パステル＋色鉛筆

パステル＋色鉛筆

パステル＋色鉛筆

117

サインペン＋カラートーン

サインペン＋カラートーン

サインペン＋インスタンテックス＋カラーレトラトーン

サインペン＋カラーレトラトーン

119

色鉛筆

鉛筆＋水彩＋色鉛筆

121

丸ペン＋水彩

水彩＋筆

水彩＋筆

サインペン＋水彩

サインペン＋水彩

124

サインペン＋水彩

125

サインペン＋カラートーン＋スクリーントーン

サインペン＋カラートーン＋スクリーントーン　　　　　　　　サインペン＋カラートーン

水着とリゾートウェアーの描き方

明るく躍動的に描きましょう。ファンデーションのとき
のように肌が見える部分が多くなりますが、スマートに
描くことばかりにこだわらず、大胆な動きで健康的に描
きましょう。

サインペン＋鉛筆コンテ＋スクリーントーン

サインペン＋マーカー

サインペン＋マーカー＋スクリーントーン

鉛筆コンテ＋カラーインキ

マーカー＋筆ペン

131

ナイトウェアーの描き方

寝るときの為のネグリジェ、パジャマ、ガウンなど肌に接するものだけに、ボディに馴染む素材感を大切にしましょう。肌にピッタリ、フィットするデザインは少ないので、体の線があまりでません。しわなどは小さく、沢山出ません。ムードのあるくつろいだ雰囲気のポーズなどは効果的です。

サインペン＋カラーインキ＋スクリーントーン

サインペン＋スクリーントーン

鉛筆コンテ＋カラーインキ

鉛筆コンテ＋カラーインキ＋コンテ＋筆ペン

133

ディフォルメの描き方

ファッションイラストの場合は、8頭身に描いたものが
普通ですが、特長を見る人により強く印象づける為に誇
張して描くイラストです。10頭身から13頭身ぐらいにプ
ロポーションを引き延ばし、美のポイントを強調して表
現する描法です。

省略画の描き方

省略描法は、デザインのシルエットやディティールを表現するのに最少限描く方法です。顔、手、足、コスチュームなど全体のバランスを考えて、デザイン的に最少限わかる様に描かなければなりません。省略画が描ける様になると時間も短縮でき、デザイナーの人達には最も必要な描き方です。

鉛筆コンテ＋パステル

プロフィール

1941年 山形県生まれ。

22才の時に絵を描きたい一心で上京。デザイン学校でグラフィックの勉強。グラフィックの仕事についたが、自分の本当にやりたい仕事ではないと思い、自分の求めるものを模索している時に、スタイル画教室の広告が目に入り、ファッション イラストレーションを描くきっかけになり、そこで知り合った仲間達とSUNデザイン研究所を設立。1981年退社。

1981年　アトリエ・フロム1を設立

1983年　熊谷小次郎イラスト教室設立

日本イラスト連盟会員

日本ヘアースタイル画協会々員

事務所　アトリエ・フロム1

　　　　〒150 東京都渋谷区代官山町20−1

　　　　コムト代官山

　　　　TEL　(03)464−6048

写真撮影　石原繁徳

イラスト協力　太田武志

　　　　　　吉川百合子

　　　　　　小林絵美

　　　　　　財前元子

　　　　　　清水かおる

モデル　藤代敦子

ファッション イラストレーション

1984年1月25日　初版第1刷発行
1989年12月15日　　第12刷発行
1990年6月25日　　第13刷発行
1991年11月15日　　第14刷発行
1992年4月25日　　第15刷発行

著　者　熊谷小次郎（くまがいこじろう）ⓒ
発行者　富士井　澄

印　刷　錦明印刷株式会社
製　本　有限会社山越製本所
写　植　ヤザワ制作

発行所　株式会社グラフィック社
　　　　〒102　東京都千代田区九段北1-9-12
　　　　☎03（3263）4318　振替・東京3-114345

ISBN4-7661-0294-0 C3071